ANALISI DEL LIBRO

Lo Hobbit

J. R. R. Tolkien

ANALISI DEL LIBRO

Scritto da Célia Ramain
Tradotto da Sara Rossi

Lo Hobbit

J. R. R. Tolkien

J. R. R. TOLKIEN	**5**
Scrittore inglese	5
LO HOBBIT	**6**
Il prequel de Il Signore degli Anelli	6
SINTESI	**7**
Il drago Smaug	7
Un viaggio inaspettato	7
Gollum e il suo prezioso anello	8
La montagna solitaria	10
STUDIO DEL CARATTERE	**12**
Bilbo Baggins	12
Thorin Scudodiquercia	13
Gandalf	15
Smaug	16
Gollum	17
Bard	17
ANALISI	**19**
Schema narrativo	19
Una favola	20
Il tema dei viaggi	22
Influenze mitologiche	24
ULTERIORI RIFLESSIONI	**26**
Alcune domande su cui riflettere…	26
ULTERIORI LETTURE	**28**
Edizione di riferimento	28
Studi di riferimento	28
Adattamenti	28

J. R. R. TOLKIEN

SCRITTORE INGLESE

- **Nato a Bloemfontein (Sudafrica) nel 1892.**
- **Morto a Bournemouth (Regno Unito) nel 1973.**
- **Opere degne di nota:**
    - *Lo Hobbit* (1937), racconto per bambini
    - *Il Signore degli Anelli* (1954-1956), trilogia fantasy
    - *Il Silmarillion* (1977), antologia

J. R. R. Tolkien è stato uno scrittore e professore universitario inglese. Sebbene sia noto soprattutto per la trilogia de *Il Signore degli Anelli*, è stato in realtà il creatore di un intero universo immaginario, che ha utilizzato come ambientazione per poesie (*Le avventure di Tom Bombadil*, 1962), fiabe e leggende (*Racconti incompiuti di Númenor e della Terra di Mezzo*, 1980). Alimentata da un enorme amore per il linguaggio, la letteratura e la mitologia, l'immaginazione di Tolkien ha generato un intero universo popolato da creature fantastiche, molte delle quali sono oggi considerate archetipi di base della narrativa fantasy. Questo universo è servito come ambientazione per storie così meticolosamente dettagliate che a Tolkien viene spesso attribuito il merito di aver fondato e dato credibilità al genere del fantasy moderno.

LO HOBBIT

IL PREQUEL DE *IL SIGNORE DEGLI ANELLI*

- **Genere:** romanzo fantasy
- **Edizione di riferimento:** Tolkien, J. R. R. (2011) *Lo Hobbit*. Londra: HarperCollins
- **1° edizione:** 1937
- **Temi:** magia, missioni, guerra, tradimento, alleanze

Lo Hobbit è stato il primo romanzo di J. R. R. Tolkien. Fu pubblicato nel 1937 e l'anno successivo fu premiato dal *New York Herald Tribune* come miglior romanzo per ragazzi.

La storia segue le avventure di Bilbo, un hobbit la cui vita tranquilla viene gettata nel caos quando il mago Gandalf lo coinvolge in una pericolosa missione. Insieme a tredici nani, deve superare ogni tipo di ostacolo e di prova per raggiungere la Montagna Solitaria, dove un tesoro inestimabile è gelosamente custodito dal drago Smaug. Bilbo riuscirà a portare a termine la missione e a tornare a casa solo grazie al suo ingegno e ai poteri di un misterioso anello magico, lo stesso su cui si basa la trama de *Il Signore degli Anelli*.

SINTESI

IL DRAGO SMAUG

Alcune centinaia di anni prima che Bilbo partisse per le sue avventure, il drago Smaug viveva nelle Montagne Grigie. Un giorno viene a conoscenza dei tesori che i nani hanno accumulato nella Montagna Solitaria. Spinto dall'avidità, attacca le città circostanti, uccidendo molti dei nani e costringendo i sopravvissuti all'esilio. Rivendica quindi la Montagna Solitaria come sua e vi trascorre i duecento anni successivi, vegliando sul suo prezioso tesoro. Alla fine, però, viene scacciato e ucciso da un hobbit e da una banda di nani decisi a reclamare il loro tesoro.

UN VIAGGIO INASPETTATO

Bilbo Baggins è un hobbit di mezza età – 50 anni, per la precisione – dal temperamento placido. I suoi genitori provengono da due famiglie molto diverse tra loro: i Baggins, di natura eccezionalmente stabile e che detestano le sorprese, e i Took, dallo spirito molto avventuroso. Conduce una vita tranquilla fino al giorno in cui il mago Gandalf, famoso per le sue numerose e mirabolanti imprese, lo trascina in un'avventura, accompagnato da tredici nani: Fili, Kili, Dwalin, Balin, Nori, Dori, Ori, Oin, Gloin, Bifur, Bofur, Bombur e il loro capo, Thorin Scudodiquercia. Questo gruppo eterogeneo ha un obiettivo semplice: recuperare le inestimabili ricchezze custodite dal drago Smaug all'interno della Montagna

Solitaria – la legittima eredità di Thorin Scudodiquercia. Credono di poter raggiungere questo obiettivo perché Thorin possiede una chiave che permetterà loro di accedere a un passaggio segreto, oltre che a una misteriosa mappa che verrà decifrata dall'elfo Lord Elrond. Tuttavia, la compagnia ha ancora bisogno di uno scassinatore esperto per rubare il tesoro da sotto il naso del mostro: un ruolo che viene ricoperto da Bilbo, su consiglio di Gandalf, nonostante l'opposizione a questo piano da parte dello stesso hobbit. Bilbo ha il vantaggio di potersi muovere senza fare rumore.

Ora che la compagnia è stata riunita, possono partire per la loro avventura. I guai non tardano ad arrivare: persi in una foresta e attratti da una misteriosa luce che brilla nel cuore della notte, Bilbo e i nani vengono catturati da tre troll che intendono arrostirli sul fuoco e mangiarli. Tuttavia, vengono salvati da Gandalf, che inganna i troll e li fa litigare tra loro finché il sole non sorge e li trasforma in pietra. In seguito, sono costretti a rifugiarsi in una caverna quando i giganti di pietra iniziano a lanciargli pietre, per poi essere rapiti dai goblin mentre dormono e portati nella loro tana sotterranea. Solo Gandalf riesce a sfuggire alla cattura. I goblin portano la compagnia davanti al loro re, che condanna i prigionieri a morte, ma un incantesimo lanciato da Gandalf provoca un'improvvisa confusione, permettendo a Thorin e ai suoi amici di fuggire. Tuttavia, durante la fuga, Bilbo inciampa e precipita in un baratro.

GOLLUM E IL SUO PREZIOSO ANELLO

Perso nei labirintici tunnel della tana dei goblin, lo hobbit si imbatte in un anello d'oro. Ignaro del suo vero valore, lo intasca. Poco dopo incontra Gollum, una creatura sinistra che si offre di condurlo fuori dalle caverne, ma solo a patto che vinca a un gioco di indovinelli: se Bilbo perde, verrà mangiato. Lo hobbit vince, ma Gollum si rifiuta di mantenere la sua promessa. Mentre avanza verso Bilbo, preparandosi a mangiarlo, Bilbo inciampa e l'anello gli scivola sul dito, rendendo l'hobbit invisibile. Bilbo approfitta di questa nuova capacità e segue Gollum in superficie, dove si riunisce al resto della compagnia, pur mantenendo il segreto della sua fortuna.

Aiutati dai lupi, i goblin continuano a inseguire il gruppo e alla fine li mettono alle strette in cima a un affioramento roccioso, dove sono costretti ad arrampicarsi sugli alberi per fuggire. All'ultimo momento vengono salvati dalle aquile e portati alle loro celle. Gandalf li porta poi da Beorn, un eremita con la capacità di trasformarsi in orso. Beorn avverte i nani dei pericoli della foresta di Mirkwood, che dovranno attraversare per raggiungere la Montagna Solitaria. Quando raggiungono il limite della foresta, Gandalf si congeda da loro dicendo che ha affari urgenti da sbrigare altrove. La compagnia continua il suo viaggio con un umore molto più basso, e subito si verificano varie disavventure: vengono catturati prima da ragni giganti famelici e poi dagli elfi dei boschi, i cui banchetti sono stati interrotti dai nani in diverse occasioni. Tuttavia, Thorin e i suoi seguaci vengono alla fine salvati dalla loro sfortuna grazie all'ingegno di Bilbo e ai poteri del suo anello magico.

LA MONTAGNA SOLITARIA

Dopo aver superato tutti questi ostacoli, il gruppo raggiunge finalmente la Montagna Solitaria. Utilizzando la mappa e la chiave del loro capo, i nani riescono a entrare nella montagna attraverso una porta nascosta. In questo modo evitano di affrontare direttamente Smaug e Bilbo viene mandato in avanscoperta per determinare se il drago è ancora vivo o meno. Usando il suo anello magico, lo hobbit riesce a rubare una piccola parte del tesoro mentre conversa con Smaug, il cui orgoglio è così grande che mostra persino la sua armatura di pietra preziosa, che ha un punto debole. Dopo che il ladro se ne va, Smaug si rende conto di essere stato derubato e decide di vendicarsi degli abitanti di Lake-town, che ritiene responsabili. Alla fine viene sconfitto dall'arciere Bard, che è stato informato del punto debole del mostro da un tordo.

I nani approfittano della partenza del drago per fortificare la montagna e si meravigliano dei tesori nascosti nella tana del drago. Tuttavia, Thorin non riesce a trovare il tesoro più prezioso di tutti: la Pietra Arcana, una pietra inestimabile che brilla come una stella. Non sa che Bilbo ha la pietra, l'ha raccolta e intascata, ignaro del suo valore e della sua importanza.

Bard decide di chiedere un risarcimento ai nani per la distruzione della sua città e per la sua straordinaria impresa di uccidere il drago. Nonostante Bard sia accompagnato all'incontro dal re degli elfi in persona, Thorin rifiuta a bruciapelo la sua richiesta. Bilbo allora esce di nascosto dalla montagna e consegna a Bard la Pietra Arcana, sperando che questo costringa il nano a pagare quanto dovuto e a rompere la situazione di stallo. Tuttavia, Thorin non si lascia intimorire e bandisce Bilbo per tradimento. Invia quindi un messaggio a suo cugino Dain, chiedendogli di portare il suo esercito per aiutare a consolidare la posizione dei nani. Mentre la disputa tra le tre parti si trasforma in una vera e propria battaglia, Gandalf appare e li avverte che un contingente di folletti e lupi si sta preparando a sferrare un attacco a sorpresa contro di loro. I nani, gli elfi e gli umani sono quindi costretti a unirsi per respingere gli invasori in quella che in seguito sarà conosciuta come la Battaglia delle Cinque Armate. Thorin viene ucciso durante questa battaglia, ma non prima di aver espresso il suo rimorso per le sue azioni nei confronti di Bilbo. Dopo essere stato pagato profumatamente per i suoi servigi, lo hobbit torna a casa, dove può finalmente godersi il meritato riposo.

STUDIO DEL CARATTERE

BILBO BAGGINS

Bilbo Baggins è il protagonista de *Lo Hobbit*. Sebbene suo padre fosse un Baggins, una famiglia ben nota i cui membri "non hanno mai avuto avventure o fatto qualcosa di inaspettato" (p. 3), sua madre era una Took e "di tanto in tanto i membri del clan Took andavano a vivere avventure" (p. 4). Nel corso della storia, l'eroe è combattuto tra questi due lati opposti della sua personalità, con il tratto dominante in ogni momento che dipende in gran parte dal tipo di problema che sta affrontando. Fino a quando Gandalf non li abbandona ai margini della foresta di Mirkwood, è il suo lato Baggins a rimanere generalmente in primo piano. Coinvolto in una missione che non desiderava fare, Bilbo passa il tempo a lamentarsi delle difficoltà del viaggio e a sognare splendide colazioni. Non è realmente coinvolto nella missione e il suo ruolo in essa sembra lontano e vago, quindi si limita a sopportare le disgrazie che gli capitano (i troll, la cattura da parte dei folletti, ecc.) e, come i nani, si affida a Gandalf per salvarlo dal pericolo.

La vittoria nel gioco degli indovinelli contro Gollum e il ritrovamento dell'anello magico sono per lui punti di svolta, che gli permettono di prendere gradualmente coscienza delle proprie capacità e di irrobustirsi un po', come dimostra il crescente rispetto che Thorin e la sua compagnia nutrono per lui. L'emergere del lato Took di Bilbo gli consente di assumere il ruolo di aiutante che prima era stato svolto dal mago: è in grado di scacciare i ragni giganti e di salvare i nani dalle prigioni degli elfi pianificando la loro fuga. Il nome "Pungolo" dato alla sua spada dopo la prima avventura in solitaria è un simbolo di questo cambiamento: quando l'eroe prende la sua spada anonima e le dà un nome che ha il sapore del coraggio, riflette il fatto che si è liberato delle sue paure per rivelare "una persona diversa, molto più feroce e coraggiosa" (p. 144).

Alla fine della storia, Bilbo riesce finalmente a trovare un equilibrio tra i due lati della sua personalità. La posizione che assume durante la Battaglia delle Cinque Armate è un'illustrazione perfetta del suo nuovo equilibrio, poiché si trova nell'unico punto da cui è possibile ritirarsi (simboleggiando il suo lato Baggins), ma che è anche il luogo in cui faranno la loro ultima resistenza se saranno sconfitti (simboleggiando il suo lato Took). Questo nuovo atteggiamento spinge Gandalf a osservare che lo hobbit non è più la stessa persona di prima: quando torna alla vita pacifica da cui era stato improvvisamente strappato all'inizio del romanzo, è maturato immensamente ed è diventato un personaggio molto più coraggioso.

THORIN SCUDODIQUERCIA

Thorin è il discendente diretto dei re nani che regnavano sulla Montagna Solitaria. In quanto tale, avrebbe dovuto salire al trono alla morte dei suoi antenati, ma non ha potuto farlo a causa dell'attacco di Smaug. Nonostante abbia vissuto in esilio per molti anni, non ha intenzione di cedere il regno e le ricchezze dei suoi antenati al drago e crede che un giorno gli verrà restituita l'eredità che gli spetta. Con questo obiettivo in mente, organizza la missione a cui partecipano Gandalf e Bilbo. Thorin è molto consapevole della propria importanza e si dimostra un nano estremamente orgoglioso e altezzoso, che emana un costante disprezzo che, il più delle volte, è rivolto a Bilbo. Non perde occasione per mettere in dubbio le capacità del suo scassinatore o per comportarsi come se la sua presenza fosse un peso. Tuttavia, le sue battute diventano molto più rare dopo che Bilbo ha salvato la compagnia, anche se non scompaiono mai del tutto (ad esempio, si lamenta delle condizioni di viaggio durante la fuga nei barili e trascura di ringraziare l'hobbit per averli liberati). La sua lingua tagliente e il suo enorme ego sono completati dalla tendenza a fare affidamento solo sulla propria coorte per raggiungere i suoi obiettivi, rimanendo relativamente passivo rispetto agli sforzi di Gandalf e Bilbo.

Ingratitudine, avidità ed egoismo sono altri tratti che possono essere aggiunti a questo ritratto poco lusinghiero, poiché rifiuta di compensare Bard e il re degli elfi per il loro aiuto nella lotta contro Smaug. Manda persino via il suo scassinatore quando viene a sapere che Bilbo ha contrabbandato la Pietra Arcana in mani nemiche, senza capire che la situazione è principalmente opera sua. Tuttavia, la Battaglia delle Cinque Armate gli offre la possibilità di riscattarsi quando guida un assalto decisivo contro i goblin e i lupi. Viene ferito mortalmente e alla fine esprime il suo rimorso per il suo comportamento nei confronti di Bilbo poco prima di morire, suggellando la sua eredità di spirito nobile, anche se questo era un lato del suo carattere che raramente traspariva quando era in vita.

GANDALF

All'inizio della storia, Gandalf viene descritto come un uomo anziano, famoso per trovare avventure ovunque vada e per i suoi meravigliosi fuochi d'artificio. In effetti, quando lo stregone fa visita a Bilbo all'inizio della storia, lo hobbit si ricorda di lui soprattutto per i suoi fuochi d'artificio. Tuttavia, Gandalf non è solo un fornitore di favolosi fuochi d'artificio. In primo luogo, i nani considerano la sua autorità assoluta: è lui a scegliere Bilbo come scassinatore, a fornire loro la mappa e la chiave del passaggio segreto per entrare nella Montagna Solitaria e a consigliare la compagnia sulle decisioni da prendere e sui percorsi da seguire. È in grado di farlo grazie alla sua vasta esperienza acquisita attraverso varie peregrinazioni e viaggi, nonché alla sua grande saggezza (costantemente messa alla prova dalle incessanti domande del resto della compagnia). Tuttavia, a differenza di Thorin, dimostra grande umiltà quando le sue capacità vengono meno: non esita a chiedere aiuto ad altri personaggi come Elrond, Beorn e persino alle aquile per portare a termine la sua difficile missione.

Oltre a fungere da guida, svolge anche il ruolo di aiutante e tira fuori gli altri personaggi da un gran numero di guai grazie alla sua prontezza di riflessi e alla sua magia (ad esempio, tiene i troll confusi finché la luce del sole non li trasforma in pietra e inventa un incantesimo che permette ai nani di fuggire dalla grotta dei goblin). Non sorprende quindi che la compagnia faccia diversi tentativi infruttuosi per evitare che la loro guida li lasci per occuparsi di questioni più urgenti.

Gandalf non torna ad aiutare il gruppo fino alla fine della storia, quando li avverte dell'avvicinarsi dei folletti e dei lupi.

SMAUG

Smaug è un drago crudele e avido ed è il nemico principale che Thorin e la sua compagnia devono affrontare durante la loro missione. Come tutti i draghi, è ossessionato dall'oro e questo, unito alla sua avidità e crudeltà, lo spinge a distruggere il regno dei nani della Montagna Solitaria per poterne rivendicare le incommensurabili ricchezze. Dopo il successo dell'attacco, rimane sulla montagna a sorvegliare il suo tesoro. A causa della sua riluttanza a lasciare la montagna, non fa la sua comparsa fino a un certo punto del romanzo e il lettore viene a conoscenza di lui solo attraverso storie di seconda mano prima della sua conversazione con Bilbo.

Oltre al suo soffio infuocato e alla sua forza, l'astuzia del drago è senza dubbio il pericolo maggiore che la compagnia deve affrontare: il drago rileva quasi subito la loro presenza nella sua tana, ma non reagisce in alcun modo, sperando di sfuggire alla loro attenzione. Quando lo hobbit viene a parlargli, protetto dal potere dell'anello, Smaug risponde alle sue domande nella speranza di individuare l'intruso e ucciderlo con le sue fiamme. Non crede che un avversario possa superarlo in astuzia ed è proprio questa eccessiva sicurezza di sé che alla fine lo porterà alla sua rovina. Il suo immenso orgoglio lo porta a mostrare la sua armatura di pietre preziose allo hobbit, senza rendersi conto che questi ha notato il suo punto debole. Il tordo informa Bard di questa debolezza e l'arciere può così sconfiggere il mostro una volta per tutte.

GOLLUM

Bilbo incontra Gollum dopo essere fuggito dai goblin. Gollum vive da solo accanto a un lago sotterraneo ed è stato plasmato da questo ambiente. Viene descritto come basso, vecchio, scuro e viscido. Oltre al suo aspetto ripugnante, è una creatura ingannevole e crudele che soffre chiaramente di schizofrenia e le cui origini sono avvolte nel mistero.

Non appena vede Bilbo, sogna immediatamente di mangiarlo. Per farlo, propone un gioco di indovinelli: se Bilbo vince, Gollum gli mostrerà la via d'uscita dalle caverne, ma se Bilbo perde, diventerà il prossimo pasto di Gollum. Inizia così il gioco degli sciocchi tra i due personaggi, con Bilbo che alla fine si dimostra più abile dei trucchi di Gollum. Grazie all'anello magico che era l'unico possesso di Gollum e che Bilbo gli ha involontariamente rubato, lo hobbit riesce a sfuggire alle sue grinfie, lasciando Gollum solo nella sua disperazione. Perdere l'anello è una tragedia assoluta agli occhi di Gollum, che ha sviluppato una vera e propria ossessione per esso. Rendendosi conto di essere stato ingannato, giura odio eterno a Bilbo, che alla fine avrà conseguenze molto concrete ne *Il Signore degli Anelli*.

BARD

Bard è un discendente dell'ultimo sovrano di una delle città devastate da Smaug. Viene introdotto gradualmente dal narratore e dagli abitanti di Esgaroth. Sebbene all'inizio sia descritto come "dalla voce e dal volto torvo" (p. 228), il che potrebbe far pensare a un personaggio un po' sgradevole, è l'unico a rendersi conto che il drago sta per attaccare e a organizzare una difesa in tempo. È anche uno dei pochi che si rifiuta di fuggire ed è quello che riesce a uccidere il drago grazie al tordo, che gli rivela il punto debole di Smaug. In seguito, è lui che cerca di condurre negoziati pacifici con Thorin facendosi portavoce di più fazioni (umani ed elfi).

Il suo aspetto inizialmente intimidatorio, il suo nobile lignaggio, la sua lungimiranza, il suo coraggio e la sua capacità di riunire diverse fazioni sembrano prefigurare il personaggio di Aragorn ne *Il Signore degli Anelli*.

ANALISI

SCHEMA NARRATIVO

Situazione iniziale: è l'inizio della storia, il momento in cui si crea la scena e si introducono i personaggi; la situazione è equilibrata, cioè non c'è motivo di cambiarla.

- Bilbo Baggins è uno hobbit che conduce una vita tranquilla e confortevole nella sua tana.

Elemento di disturbo: è un evento che si verifica, cambiando la situazione iniziale e innescando la storia vera e propria.

- Lo stregone Gandalf porta Bilbo all'avventura per fare da scassinatore a una compagnia di tredici nani.

Sviluppi: sono gli eventi causati dall'elemento di disturbo che portano l'eroe ad agire per risolvere il problema.

- Il gruppo viene catturato prima dai troll e poi dai goblin, ma ogni volta viene salvato da Gandalf. Tuttavia, mentre stanno fuggendo dalla tana dei goblin, Bilbo cade in un baratro dove trova l'anello magico di Gollum e vince il gioco degli indovinelli. Dopo essere stati salvati dalle aquile, Thorin e i suoi seguaci visitano la casa di Beorn, poi si dirigono verso la foresta di Mirkwood, dove il mago li saluta. I nani vengono attaccati da ragni giganti e poi imprigionati dagli elfi dei boschi e riescono a fuggire solo grazie a Bilbo. Scendono lungo il fiume in barili per raggiungere Lake-town, quindi si dirigono verso la Montagna Solitaria, alla quale accedono attraverso una porta segreta. Bilbo viene mandato in avanscoperta e ruba una coppa d'oro e poi la Pietra Arcana, prima di avere una conversazione con Smaug. Capendo di essere stato ingannato, il drago si vendica attaccando gli abitanti di Lake-town, ma Bard lo uccide. Chiede un risarcimento a Thorin, che si rifiuta di pagare, così Bilbo consegna la Pietra Arcana a Bard per sistemare le cose. Tuttavia, i suoi sforzi si ritorcono contro di lui e Thorin lo esilia per tradimento. L'arrivo dell'esercito di Dain scatena una battaglia, che si arresta quando Gandalf li avverte che i goblin e i lupi stanno marciando verso di loro. Alla notizia, gli ex nemici si uniscono per la Battaglia delle Cinque Armate, durante la quale Thorin viene ucciso.

Esito: pone fine agli sviluppi e porta alla conclusione.

- Thorin viene ucciso, ma la battaglia viene vinta e ogni personaggio viene premiato.

Conclusione: questa è la fine della storia. La situazione è di nuovo stabile, come quella iniziale, ma ha subito alcuni cambiamenti.

- Bilbo torna finalmente a casa, alla sua vita tranquilla.

UNA FAVOLA

Lo Hobbit è una storia originariamente scritta per i bambini. Considerando questo target e gli elementi che Tolkien voleva includere nella storia, la scelta di scriverla come racconto è stata naturale. I racconti sono caratterizzati da:

- eventi immaginari e spesso fantastici;
- la loro duplice funzione di intrattenimento e di trasmissione di un messaggio morale;
- trasmissione per tradizione orale molto prima di essere messa su carta.

Ognuna di queste caratteristiche è ripresa nella trama de *Lo Hobbit*.

- Il romanzo è saturo di elementi fantastici ("fantastici" in questo contesto significa elementi soprannaturali senza spiegazione razionale), sia in termini di bestie (folletti, lupi feroci, troll, ecc.) sia di personaggi (i poteri magici di Gandalf, la capacità di Beorn di trasformarsi in orso, il terrificante Gollum o persino le razze immaginarie come i nani e gli elfi), sia di oggetti (il modo in cui Pungolo si illumina di blu in presenza di pericolo, i poteri di invisibilità dell'anello, la Pietra Arcana, ecc.) e persino degli eventi stessi (l'attacco dei giganti di pietra, gli animali antropomorfi a casa di Beorn).

- Tutte le avventure dei personaggi sono raccontate con un tono leggero e umoristico, in modo da creare un'esperienza di lettura piacevole. Per questo motivo, l'autore inserisce una grande quantità di comicità in tutto il libro, attraverso l'esagerazione (l'enorme colazione di Gandalf a casa di Beorn), la presa in giro (i nani minacciano scherzosamente di rompere i piatti di Bilbo) o la sorpresa (Bilbo viene attaccato da un ragno gigante mentre sta pensando alla sua casa). Sebbene molte scene siano soffuse di tensione e umorismo, Tolkien assume anche un tono più solenne quando necessario (per esempio durante la

Battaglia dei Cinque Eserciti o la morte di Thorin), forse per dimostrare che la violenza della realtà può facilmente nascondersi appena sotto la superficie di una narrazione ingannevolmente innocente. Questo approccio rafforza ulteriormente la morale della storia: l'apparenza può ingannare. Infatti, le idee preconcette del lettore su Bilbo, Gandalf e Thorin vengono stravolte nel corso della storia.

- Infine, anche se è probabile che la storia sia stata raccontata ad alta voce alcune volte prima di essere scritta, la sua dimensione orale è più evidente nel testo stesso. Ciò è dovuto allo stile narrativo dell'autore che, oltre a fare frequenti interiezioni in prima persona, utilizza uno stile che fa sembrare che la storia venga raccontata ad alta voce a un pubblico di bambini piccoli. L'autore fa anche frequenti commenti sulle azioni dei personaggi, spiega quali conclusioni si possono trarre da certi eventi, attribuisce ai personaggi determinate caratteristiche a cui poi fa riferimento ripetutamente e usa in numerose occasioni le onomatopee per imitare il rumore di un oggetto o di un evento (per esempio, "splash" quando Bilbo cade nell'acqua, p. 67).

IL TEMA DEI VIAGGI

Il viaggio è un tema onnipresente e duplice ne *Lo Hobbit*. Naturalmente Tolkien, o almeno il narratore, fa partire Bilbo e il lettore per un viaggio nel senso tradizionale del termine. A questo viaggio si fa generalmente riferimento all'interno della storia stessa attraverso lunghe e specifiche descrizioni dei luoghi visitati dai personaggi. Inoltre, ogni nuovo capitolo corrisponde a una nuova tappa del viaggio dei personaggi. Infine, anche l'aspetto più innovativo del libro contribuisce a questo tema: comprende mappe disegnate a mano dallo stesso Tolkien, che permettono al lettore di seguire il percorso dei personaggi nella loro ricerca.

Ma c'è anche un viaggio più simbolico e psicologico. Questo vale soprattutto per lo hobbit eponimo: Bilbo è un casalingo che è stato gettato in un'avventura in cui non ha alcun interesse, e lo si sente spesso lamentarsi: "Vorrei essere a casa nella mia bella tana accanto al fuoco, con il bollitore che comincia a cantare!" (p. 30). Questa frase, unita al commento del narratore ("Non era l'ultima volta che lo desiderava!" p. 30), diventa un leitmotiv che ricorre frequentemente nel corso del romanzo e, come tale, costituisce una notevole fonte di sollievo comico. Tuttavia, questo personaggio, che è quasi del tutto messo in ombra dai suoi compagni di viaggio, acquisisce sicurezza e statura dopo aver commesso il suo primo furto rubando l'anello di Gollum. Con l'aiuto di questo prezioso oggetto salva i suoi compagni di viaggio dal pericolo in diverse occasioni e non passa molto tempo prima che essi inizino a fidarsi completamente di lui. Tuttavia, non è l'unico a svilupparsi e crescere psicologicamente e ad affrontare la sfida di diventare un eroe: anche Bard compie un percorso simile. Inizialmente è tenuto in scarsa considerazione dagli altri abitanti di Esgaroth, ma è all'altezza del suo retaggio organizzando la difesa della città all'avvicinarsi del drago e uccidendo la bestia. Da quel momento in poi, il resto della città lo considera un eroe, anche se non ha mai amato il suo pessimismo: "'Avremo Re Bard!', gridavano in risposta le persone vicine'" (p. 230). Allo stesso modo in cui Gandalf canta le lodi di Bilbo ai nani ("Il signor Baggins ha più di quanto si possa immaginare" p. 88), il vecchio corvo consiglia ai nani di fidarsi di Bard: "Fidatevi […] di colui che ha colpito il drago con il suo arco. Bard è lui, della razza di Dale, della stirpe di Girion; è un uomo arcigno ma sincero" (p. 236).

INFLUENZE MITOLOGICHE

Ne *Il Silmarillion*, *Lo Hobbit* e *Il Signore degli Anelli*, Tolkien ha creato un intero universo di ampio respiro, con una propria mitologia e persino una propria lingua. Tuttavia, alcuni riferimenti ad altre mitologie compaiono anche negli scritti di Tolkien, in particolare ne *Lo Hobbit*. Alcuni di questi riferimenti sono più velati di altri, e quelli più evidenti tendono a essere tratti dalla mitologia greco-romana, che è anche la tradizione mitologica con cui i lettori hanno generalmente maggiore familiarità. Per esempio, il ruolo di Gollum nella storia ricorda la Sfinge, un mostro della mitologia greca che blocca il cammino dell'eroe e si rifiuta di lasciarlo passare se non risponde correttamente agli enigmi della creatura.

Tuttavia, Gollum non è solo una rivisitazione della Sfinge: sembra anche condividere alcuni tratti con Grendel, uno dei mostri del *Beowulf* (700-1000 d.C.), una leggenda anglosassone di cui Tolkien era esperto. Oltre a condividere la stessa iniziale (come Bilbo e Beowulf), entrambi vivono in un ambiente malsano: Grendel viveva nelle paludi, mentre Gollum in un lago sotterraneo. Anche il drago, che custodisce un tesoro sotterraneo, potrebbe essere stato ispirato da questo poema epico, che presenta un drago la cui "furia repressa per la perdita del vascello gli faceva desiderare di colpire di nuovo e sferzare le fiamme" (ll. 2304-2306). Inoltre, entrambi gli eroi danno un nome alle loro spade: quella di Bilbo si chiama "Pungolo", mentre quella di Beowulf si chiama "Caccia". Infine, anche il narratore del poema ha una forte presenza e usa il pronome personale "io" per esprimersi, come fa Tolkien nella sua storia.

Tutti questi elementi si combinano per creare una storia avvincente che immerge il lettore nel racconto fin dall'inizio. *Lo Hobbit* è stato accolto molto positivamente, sia nel Regno Unito che negli Stati Uniti. Oggi, quello che un tempo era un semplice racconto per bambini è diventato un punto di riferimento della cultura popolare e il romanzo è stato persino adattato in una trilogia cinematografica da Peter Jackson nel 2012.

ULTERIORI RIFLESSIONI

ALCUNE DOMANDE SU CUI RIFLETTERE...

- Date un'altra occhiata allo stile in cui sono scritte le canzoni del libro. In che modo sono rappresentative di ciascuna razza (elfi, nani, umani)?
- In che modo Tolkien rappresenta il tempo?
- Secondo voi, qual è lo scopo narrativo della personificazione degli oggetti?
- Discutete e commentate questa affermazione del narratore: "Ora, è una cosa strana, ma le cose belle da avere e i giorni belli da passare si raccontano presto e non si ascoltano molto; mentre le cose scomode, palpitanti e persino raccapriccianti possono essere un buon racconto, e richiedono comunque molto tempo per essere raccontate" (p. 48).
- In che modo il romanzo è una buona illustrazione del detto popolare "due mani sono meglio di una"?
- Elencate alcuni elementi comici della storia.
- Conosce altri libri in cui il narratore si rivolge direttamente al lettore? Che effetto ha sul lettore?
- Secondo voi, quali elementi de *Lo Hobbit* prefigurano *Il Signore degli Anelli*?
- Discutete e commentate questa citazione di C. S. Lewis, l'autore de *Le Cronache di Narnia*, che pubblicò una

recensione anonima dicendo: "*Lo Hobbit* […] sarà più divertente per i suoi lettori più giovani, e solo anni dopo, alla decima o alla ventesima lettura, cominceranno a rendersi conto di quale abile erudizione e profonda riflessione siano servite a rendere ogni cosa in esso così matura, così amichevole e, a suo modo, così vera. Le previsioni sono pericolose: ma *Lo Hobbit* potrebbe rivelarsi un classico".

- Il fantasy è un genere popolare tra gli adolescenti, così come la fantascienza. Perché, secondo voi?

ULTERIORI LETTURE

EDIZIONE DI RIFERIMENTO
Tolkien, J. R. R. (2011) *Lo Hobbit*. Londra: HarperCollins.

STUDI DI RIFERIMENTO
Drout, M. D. C. ed. (2006) *Enciclopedia di J.R.R. Tolkien: Studi e valutazioni critiche*. New York: Routledge.

Tolkien, C. e Tolkien, J. R. R. (2014) *Beowulf: A Translation and Commentary*. Londra: HarperCollins.

ADATTAMENTI
Lo Hobbit: un viaggio inaspettato; *Lo Hobbit: la desolazione di Smaug*; *Lo Hobbit: la battaglia delle cinque armate*. (2012-2014) [Trilogia cinematografica]. Peter Jackson. Nuova Zelanda/USA: WingNut Films, New Line Cinema, Metro-Goldwyn-Mayer, Warner Bros. Pictures.

Lo Hobbit. (1977) [film TV]. Arthur Rankin, Jr. e Jules Bass. Dir. USA/Giappone: ABC Video Enterprises, Topcraft, Rankin/Bass, Warner Bros. Television Distribution.

Vogliamo sapere da voi!
Lasciate un commento sulla vostra biblioteca online
e condividete i vostri libri preferiti sui social media!

Perché scegliere Must Read?

Scoprite tutto quello che c'è da sapere su un libro, con i nostri riassunti e le nostre analisi concise e approfondite!

Scoprite il meglio della letteratura sotto una luce completamente nuova!

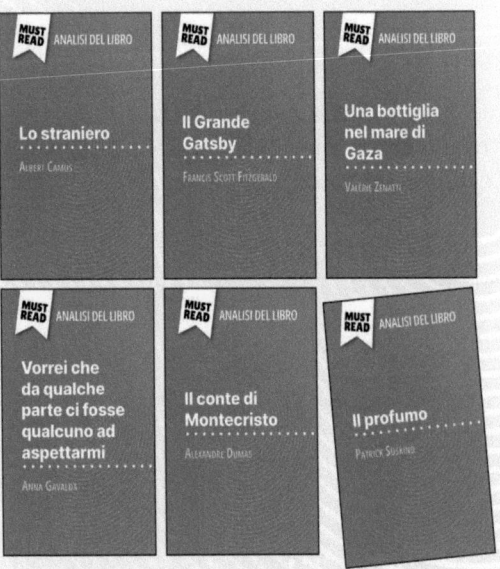

www.50minutes.com

Sebbene l'editore faccia ogni sforzo per verificare l'accuratezza delle informazioni pubblicate, 50minutes.com non si assume alcuna responsabilità per il contenuto di questo libro.

© 50minutes.com, 2023. Tutti i diritti riservati.

www.50minutes.com

Master ISBN: 9782808690355
ISBN cartaceo: 9782808611756
Deposito legale: D/2023/12603/1455

Copertura: © Primento

Concezione digitale a cura di Primento, il partner digitale degli editori.